Iris Windheuser

UNTERWEGS ZUR ERSTKOMMUNION

Spiele, Rätsel und Bastelanleitungen

HERDER
FREIBURG · BASEL · WIEN

www.herder.de

Mit Illustrationen von Bernadette Trost, Freiburg
Pictogramme von Hans G. Weigel

Umschlaggestaltung: Weiß – Graphik & Buchgestaltung, Freiburg
Titelbild: © Jörg Seemann, 72669 Unterensingen (Tel. 07022/90 37 63),
freischaffender Künstler, Grafiker, Galerist in Frankfurt am Main

Herstellung: J. P. Himmer, Augsburg 2006

Gedruckt auf umweltfreundlichem,
chlorfrei gebleichtem Papier

ISBN-13: 978-3-451-29177-7
ISBN-10: 3-451-29177-0

gemeinde leben

Herausgegeben von
Klaus Vellguth

INHALT

VORWORT

Die in diesem Buch angeführten Ideen habe ich im Laufe der Zeit bei der Arbeit mit Kommunionkindern zusammengetragen. Mir wurde klar, dass man viele Kinder mit „Geschichten von Jesus“ allein nicht reizen kann. Darum war es mir wichtig, auch diejenigen Kinder anzusprechen, die einen anderen Zugang brauchten. Davon haben dann natürlich alle Kinder in der Gruppe profitiert und es macht riesigen Spaß zu sehen, wie alle bei der Sache sind. Natürlich mal mehr, mal weniger. In den Jahren meiner Tätigkeit hat sich Einiges herauskristallisiert und bewährt. Alle diese Lern-Spiel-Bastel-Ideen sind eine wahre Bereicherung für den Unterricht, denn der religiöse Hintergrund und das Lernziel bleiben ja bestehen.

Ich habe für mich ein Konzept entwickelt, um dem Ablauf im Kommunionunterricht eine gewisse Ordnung zu geben. Wir beginnen immer mit dem gleichen Begrüßungslied, dann kommt die eigentliche Arbeitseinheit. Wenn eine Aktion angeboten wird, dann nach der Arbeitseinheit. Natürlich nur, wenn noch genügend Zeit vorhanden ist, das muss man dann abschätzen. Zum Schluss, nachdem die Kinder ihre Sachen eingepackt haben und der Raum aufgeräumt ist, singen wir das Abschlusslied. Bisher war es immer das Vaterunser, gesungen mit Gesten.

Um die Arbeitseinheiten der Stunden etwas „aufzupeppen“, kann man zum Beispiel eine Geschichte mit Bildern untermalen, entweder selbst malen oder als Fotos oder als Bilderbuch.

Die Methode von Franz Kett bietet den Kindern einen ganzheitlichen Ansatz, der die Sinne berührt. Hier wird mit Tüchern und Legematerial verschiedener Farben, Formen und Größen gearbeitet. Ich bevorzuge hierbei das Arbeiten und Sitzen auf dem Boden.

Durch eine Umfrage zur Erstkommunion-Katechese des Bistums Essen wurde ich motiviert, meine Anregungen aufzuschreiben und weiterzugeben. Die Vorschläge sind allgemein gehalten und können je nach Bedarf eingesetzt werden.

Dieses Buch präsentiert eine Fülle an Ideen für jede Gelegenheit. So werden ein Bibelsuchrätsel, Kreuzworträtsel, Spiele, Verkleidung für Rollenspiele, Bastelarbeiten und vieles mehr vorgestellt.

Ich wünsche gutes Gelingen und viel Freude mit den Vorschlägen. Zur leichteren Handhabung sind Kopiervorlagen vorhanden.

An dieser Stelle ein ganz herzliches Dankeschön an meine Familie für ihren Rückhalt und ihr Verständnis für die manchmal zeitaufwändige katechetische Arbeit. Dem Theologen Dr. Burkhard Knipping aus Würselen danke ich für die Einführung zu diesem Buch und für Hinweise, die meine Ideen theologisch und religionspädagogisch einordnen.

In unserer Gemeinde werden die Kommunionkinder liebevoll „Kokis“ genannt. Nachfolgend habe ich diese Abkürzung beibehalten.

Iris Windheuser

EINFÜHRUNG

Für die praktische Seite einer Katechese mit Kommunionkindern ist das Buch „Unterwegs zur Erstkommunion", das Iris Windheuser geschrieben hat, eine große Hilfe. Es bietet bewusst viele unterschiedliche Ideen; denn eine Erfahrung teilen Seelsorger und Katecheten: Jahr für Jahr sind die Vorbereitungsgruppen verschieden und in den Gruppen unterschiedlichste Kinder. Um darauf angemessen reagieren zu können, brauchen Seelsorger und Katecheten eine Vielzahl und Buntheit von Anregungen. Deshalb die vielen Ideen dieses Buches, die eines versprechen: Für jeden ist etwas dabei.

Handfeste Ideen für die Katechese

In der Vielzahl der Ideen zur Kommunionkatechese geht es oftmals um das Gestalten von Blättern, ums Malen, um das Legen von Tüchern usw. Diese Methoden sind hilfreich für Kinder.
Dazu drei Hinweise:

ERSTENS schult dieses dingliche Arbeiten die Sinne der Kinder. Es stärkt ihre Wahrnehmungsfähigkeit. Zugleich erfahren sie, dass Schauen sowohl Konzentrieren als auch Aussortieren bedeutet, d. h. beim Schauen müssen sich die Kinder fragen: „Was vom Gesehenen ist wichtig für mich?" Ein weiterer Wahrnehmungssinn, der durch das Arbeiten mit Händen gefördert wird, ist der Tastsinn. Die Eucharistie lebt vom Tasten, da wir im Brot den Leib des Herrn in der Hand halten, und vom Schmecken, weil wir das Brot bzw. den Leib des Herrn essen.

ZWEITENS fördert das dingliche Tun – von der Herstellung des Fruchtgummi-Fisches bis zum Tischdecken – bei den Kindern eine wichtige Erkenntnis: Das Leben braucht Hände, die anpacken und zufassen können, und auch die Sakramente brauchen Hände, die sie anpacken und aufgreifen wollen (*vgl. 1 Johannes 1,1*). Damit wird bei den Kindern eine Haltung gefestigt, die christliches Dasein auch in seiner praktischen Dimension wahrnimmt.

DRITTENS werden durch Malen, Basteln, Herstellen Dinge geschaffen, die schön anzuschauen sind. Dieses Geschaffene und Schöne ist ein Zeichen des Gelingens und gibt damit den Kindern ein Signal: „Dein bzw. unser Leben kann gelingen." Diese Ermutigung benötigen die Kinder.

Ideen für inhaltliche Aspekte der Vorbereitung

Die Ideen des Buches decken vier Aspekte ab. Ein Aspekt ist der „Gruppe/Gemeinschaft" gewidmet, und hier geht es vorrangig um Gruppendynamisches. Die anderen drei Aspekte greifen weitere Grundthemen der Erstkommunionvorbereitung auf: „Gott und Jesus", „Bibel" und „Gebet". In diesen drei Aspekten finden sich zugleich Anliegen der religiösen Erziehung wieder, die für das Koki-Alter von 7 bis 10 Jahren angemessen sein können.

Der Aspekt „Gruppe/Gemeinschaft" dient der Verortung des Kindes: Wohin gehöre ich? Mit wem bin ich (gerne) zusammen? Welche Menschen sind mir wichtig? Zugleich merken die Kinder, dass sie sich in Gemeinschaft verändern oder wandeln: In einer Gruppe behält keiner seine Einzelrolle; in der Gruppe bekommt jeder eine neue Rolle, Aufgabe und Stellung. Zudem stellen die Kinder fest, dass sie sich als Person in die Gruppe hineingeben müssen, damit sie zu einer Gemeinschaft wird. Über das eigene Hineingeben können sie unter Anleitung entdecken, dass sich auch Gott hineingibt in ein Zusammensein der Menschen. Ein Weiteres erfahren die Kinder: Gemeinschaft macht sogar das Normale zu etwas Besonderem. Wer allein Pommes frites isst, hat nicht den Genuss wie eine gemeinsam speisende Gruppe.

Mit diesen Fragen und Erfahrungen können Kinder entdecken, dass ihre Gemeinschaft in der Kommuniongruppe ein Zeichen für die Einheit der Christen mit Jesus Christus und der Verbundenheit aller Christen ist. Einen Ausdruck findet diese Einheit im gemeinsamen Raum (der Kirche) oder in Erkennungszeichen oder in Vorbildern.

Der Aspekt „Gott und Jesus" in der Katechese beschreibt Jesus als Menschen und macht ihn konkret. Der menschgewordene Gott ist für Kokis annehmbar, greifbar. Kinder können von Jesu Liebe, von seinen Worten und Handlungen angeregt durch den Alltag gehen und sich von ihm zum Handeln anregen lassen.

Der Aspekt „Bibel“ macht deutlich, dass Gott in seinem Wort so gegenwärtig ist wie in der Eucharistie. Die Bibelarbeit mit Kindern öffnet den jungen Christen kleine, ausgewählte Teile des Wort-Schatzes, der uns Gläubigen gegeben ist. Die Heilige Schrift ermöglicht den Kindern, sich faszinieren zu lassen vom Erzählten. Entsprechend gern wird das in der Bibel Geschilderte von Kindern aufgenommen. Wenn es nicht als Wissensstoff dargeboten wird, sondern als Anreiz zum Nachdenken und Fragen, wird die Bibel zum Glaubensfundament.

Die Ideen zum Aspekt „Gebet“ ermöglichen den Kindern die Entdeckung, dass die Gemeinschaft und der Einzelne eine übergreifende Orientierung brauchen. Ritus, Form, Gebärde und ihre unterstützende Funktion im Gebet begreifen schon Kokis. Darum sollte ihnen in der Katechese angeboten werden, diese Gebetsdimensionen zu erleben.

Weitere kurze „Hinweise“ theologischer oder religionspädagogischer Art gebe ich ergänzend zu den obigen Infos bezüglich der Aspekte bei den einzelnen Praxis-Ideen.

Burkhard R. Knipping

KURZZITATE

An einen Gott glauben heißt, die Frage nach dem Sinn des Lebens verstehen. An einen Gott glauben heißt sehen, dass es mit den Tatsachen der Welt noch nicht getan ist. An einen Gott glauben heißt sehen, dass das Leben einen Sinn hat.
Ludwig Wittgenstein, österreichischer Philosoph

Glaube ist Gewissheit ohne Beweise.
Henri Frédéric Amiel, schweizerischer Schriftsteller und Philosoph

Glauben heißt: die Unbegreiflichkeit Gottes ein Leben lang aushalten.
Karl Rahner, deutscher Theologe

Die Naturwissenschaften braucht der Mensch zum Erkennen, den Glauben zum Handeln. Religion und Naturwissenschaft schließen sich nicht aus, wie heutzutage manche glauben und fürchten, sondern sie ergänzen und bedingen einander. Für den gläubigen Menschen steht Gott am Anfang, für den Wissenschaftler am Ende aller Überlegungen.
Max Planck, deutscher Physiker, Begründer der Quantentheorie

Wir müssen unseren Nächsten lieben, entweder weil er gut ist oder damit er gut werde.
Augustinus

Wer Gott anruft, der braucht kein Handy.
Pater Madison alias Klaus Klages, Publizist

Gott ist nahe, wo die Menschen einander Liebe zeigen.
Johann Heinrich Pestalozzi, schweizerischer Pädagoge und Sozialreformer

Liebe ist das einzige, was wächst, wenn wir es verschwenden.
Ricarda Huch, deutsche Erzählerin und Lyrikerin

IDEEN ZUM ASPEKT

GRUPPE UND GEMEINSCHAFT

KENNENLERNSPIEL

GRUPPENGRÖSSE: Große/kleine Gruppe

DAUER: Ca. 15 Minuten

MATERIAL: Wollknäuel

Hinweise

Wenn Menschen in einer Gruppe über einen mehrmonatigen Zeitraum zusammen sind und miteinander arbeiten, ist es wichtig, eine so genannte Kennenlern- und Orientierungsphase zu ermöglichen: Alle Beteiligten möchten wissen, mit wem sie es in der Gruppe zu tun haben, wen sie mögen oder eher meiden wollen, wo sie Freunde sehen oder nicht. Durch diese Phase wird die Gruppe zur Gemeinschaft. Sogar dann, wenn sich nicht alle mögen. Für das Kennenlernen und Orientieren gilt es, gut bedacht den richtigen Erzählanstoß (z. B. „Netz = Gemeinschaft" s. u.) auszuwählen. Der Kennenlern- und Orientierungsphase folgt die lange Arbeitsphase und dann später mit Blick auf das herannahende Ende der Gruppenzeit die Abschiedsphase. Diese vier Gruppenphasen zu beachten, hilft den Leitenden wie Teilnehmenden im Verlauf des Gruppenprozesses.

Einführung

Dieses unterhaltsame und lustige Kennenlernspiel ist für eine der ersten Gruppenstunden des Kommunionunterrichtes gedacht. Dieses Spiel kann auch zwischendurch wiederholt werden, wenn es leichte Spannungen untereinander gibt. Den Kindern wird bewusst, dass jeder in der Gruppe wichtig ist und auch zur Harmonie in der Gruppe beiträgt.

Spielregeln

Alle setzen sich in einer Runde zusammen. Der erste hält das Knäuel mit dem Fadenende in der Hand und erzählt etwas über sich. Auch Fragen sind willkommen und erlaubt, um etwas über den anderen zu erfahren. Ist alles gesagt, wird das Knäuel beliebig einem anderen zugeworfen, wobei das Fadenende festgehalten wird. Jetzt stellt sich das zweite Kind vor. Danach wird das Wollknäuel weitergeworfen, wobei auch die zweite Person den Faden festhält. Jeder ist einmal an der Reihe. So entsteht ein Netz.

Dieses Netz kann man nun mit der Gemeinschaft dieser Gruppe vergleichen. Soll das Netz Bestand haben, dann ist es wichtig, dass alle beteiligten Partner festhalten. Aber was passiert, wenn einer loslässt? Ausprobieren! Das Netz bekommt ein Loch und hat keinen Halt mehr.

SPIEL ERARBEITEN

GRUPPENGRÖSSE: Kleine/große Gruppe/allein

DAUER: Ca. fünf bis zehn Minuten pro Stunde

MATERIAL:
- Großer Bogen Tonkarton oder Tapete
- Papier-Kreise, auf die die Bilder der jeweiligen Stunde gemalt werden, Klebepunkte/Stempel
- Spielpüppchen und Würfel

Chancen

Hier geht es um die Idee, ein Spiel zu entwickeln, das die ganze Vorbereitungszeit über begleiten wird. Am Ende jeder Stunde kann ca. fünf bis zehn Minuten daran weitergearbeitet werden. In der letzten Stunde wird es dann gespielt.

Das Spiel soll den Gemeinschaftssinn der Gruppe stärken, da jede Woche gemeinschaftlich daran gearbeitet wird.

Es ist aufgebaut wie ein Würfelspiel mit vielen Feldern. Dazu benötigt man in der letzten Stunde noch Spielpüppchen und einen Würfel.

Ziel des Spiels ist es, gemeinsam ans Ziel zu gelangen, was durch die Spielregeln festgelegt wird. Wir gehen als Gruppe den Weg zur Kommunion gemeinsam, also kommen alle Kokis gemeinsam ans Ziel.

Hinweise

Der Gemeinschaftssinn, der durch dieses Spiel entsteht, ermöglicht, ein Selbstverständnis der Christen zu entdecken: Wir sind eine Weg-Gemeinschaft, d. h. wir sind nicht allein unterwegs, sondern in Begleitung anderer Christen und des Geistes Gottes.

Der Feldbereich „Ziel“ signalisiert, dass zum einen nicht – wie oft behauptet – der Weg das Ziel ist und dass zum anderen nicht wir den Weg vorgeben, sondern Gott. Seine Leitung unseres Weges wird symbolisiert durch das Ziel „Kommunion“ wie auch durch den Umstand, dass alle miteinander das Ziel erreichen.

Die Idee „Spiel erarbeiten" dient auch dem Festhalten und vor Augen-Halten der Ereignisse während der Koki-Zeit bzw. der Inhalte der Gruppenstunden. Die Visualisierung dient zudem der Memorierung.

Bastelanleitung

Man nimmt ein Tapetenstück als Grundlage für das Spielfeld und klebt es auf eine alte Holzplatte. Für jede Vorbereitungsstunde wird ein großes Feld aufgemalt, auf das dann ein von den Kokis gemaltes Bild der entsprechenden Stunde geklebt wird (einfach den Umfang eines Wasserglases abmalen). Diese großen Felder stellen die Aktionsfelder da und werden durch kleinere Felder verbunden. Es werden so viele Zwischenfelder gesetzt, wie Kokis in der Gruppe sind. Die Zwischenfelder können Klebepunkte sein oder Stempel.

Dann müssen die Spielregeln aufgestellt werden. Diese brauchen auch nur einmal ausgedacht zu werden und können dann in den nächsten Jahren immer wieder genutzt werden. Katechetinnen aus unserem Kreis haben sich die Spielregeln für das Spiel ausgedacht und weitergegeben. Die Spielregeln müssen angewandt werden, sobald ein Spieler ein Aktionsfeld besetzt.

Schön ist es, wenn auch die Spielregeln einen Bezug zu der jeweiligen Unterrichtsstunde haben.

Spielregelbeispiel

1. Der Weg zur Kommunion ist noch lang, du darfst noch einmal würfeln.
2. Thema Kirche: Wir treffen uns in der Kirche, alle Spieler rücken vor.
3. Wie empfangen wir die Kommunion? (praktische Übung: Hände ineinander legen)
4. Thema Bartimäus: Bartimäus ist blind. Er muss sich vorsichtig bewegen. Du musst aussetzen.
5. Thema Zachäus: Zachäus geht einen neuen Weg mit Jesus. Auch du darfst mitgehen. 2 Felder vorrücken.
6. …
7. Letztes Aktionsfeld: Alle Kokis treffen sich im Ziel.

Nach der letzten Stunde und dem Spiel haben alle mit ihrem Namen auf dem Spielfeld unterschrieben. Dann wird das Spiel unter den Kokis verlost. Zum Beispiel durch Würfeln: Wer hat die höchste oder niedrigste Zahl?

Anbei ein Bild eines Spieles, das ohne viel Aufwand durch die Kommunionvorbereitungszeit entwickelt wurde. Die Bilder können als Hausaufgabe aufgegeben werden, das Aufkleben in jeder Stunde dauert ca. fünf bis zehn Minuten.

BEISPIEL FÜR EIN SPIELFELD (AUSSCHNITT):

LESEZEICHEN HERSTELLEN

GRUPPENGRÖSSE: Große/kleine Gruppe/allein

DAUER: Ca. 30 Minuten

MATERIAL:
- Papier
- Bunt-/Filzstifte
- Klebefolie oder Laminiergerät
- Evtl. Geschenkfolie oder Servietten

Hinweise

Das Lesezeichen ist ein Erinnerungssignal, dass die Zeit in der Koki-Gruppe ein Ziel hat und dass die Koki-Zeit wegen dieses Zieles unter einem Thema steht. Zugleich ist das Lesezeichen für die Kokis ein Erkennungszeichen: „Es gibt diese Gruppe, und ich gehöre dazu." Insofern ist das Basteln eines Lesezeichen gut einsetzbar am Ende der Kennenlern- und Orientierungsphase der Gruppe und beim Übergang in die gemeinsame Arbeitsphase.

Einführung

Jede Erstkommunion hat ihr eigenes Thema. Zu diesem Thema kann man ein Bild malen oder schöne Kopien anfertigen. Das Bild auf die Vorlage kleben oder direkt auf die Vorlage malen.

Anleitung

Zuschnitte in der Größe von ca. 14 cm x 5 cm anfertigen. Das Geschenkpapier oder die Serviette oder das gemalte Bild laminieren. Bei der Serviette bitte beachten, dass nur die ganz dünne oberste Schicht verarbeitet wird.

Kopie

SUCHRÄTSEL

GRUPPENGRÖSSE: Große/kleine Gruppe/allein

DAUER: Ca. zehn Minuten

MATERIAL:
- Kopie des Suchrätsels
- Stift

Hinweise

Die zu suchenden Dinge befinden sich fast alle in der Kirche. Dieses Suchrätsel bietet sich nach einer Kirchenbesichtigung an, kann aber auch der Vorbereitung einer solchen Besichtigung dienen.

Jede Gruppe braucht einen Raum, in dem sie sich treffen kann. Zugleich muss dieser Raum so ausgestattet sein, dass sich die Gemeinschaft dort angemessen aufhalten und wohlfühlen kann. Für Christen ist die Kirche der wichtigste Treffpunkt, und der muss für die Zusammenkünfte der Christen entsprechend bestückt sein.

Neben diesem funktionalen Aspekt steht der Aspekt der Identität: Die Ausstattung einer Kirche gibt einerseits Auskunft über das gemeinschaftliche (u. a. liturgische) Handeln der Gemeinde sowie über ihr Selbstverständnis. Andererseits formt die Gestaltung einer Kirche auch das Handeln der Christen und leitet die Entwicklung eines Selbstverständnisses. Darum ist es wichtig, dass die Kinder die Ausstattung der Kirche kennen lernen.

KOPIERVORLAGE SUCHRÄTSEL

SUCHE FOLGENDE WÖRTER: Kirche, Altar, ewiges Licht, Bänke, Orgel, Kerzen, Pastor, Beichtstuhl, Sakristei, Glocken, Ambo, Gotteslob, Gott, Tabernakel, Messdiener, Gemeinde

ACHTUNG: Eins der Suchworte versteckt sich in einer Diagonalen.

F	A	W	Q	D	A	T	G	O	T	T
O	R	T	K	I	R	C	H	E	O	A
R	B	A	E	N	K	E	T	X	M	B
G	Y	K	L	Z	U	N	M	B	E	E
E	A	L	T	A	R	Q	O	L	S	R
L	P	K	I	Z	G	T	C	H	S	N
B	N	M	N	E	Q	H	U	U	D	A
K	E	R	Z	E	N	C	I	T	I	K
A	G	U	T	P	I	I	E	S	E	E
N	E	L	N	A	G	L	T	T	N	L
E	M	T	Z	S	F	S	S	H	E	I
K	E	F	D	T	T	E	I	C	R	E
C	I	R	T	O	Y	G	R	I	J	K
O	N	F	H	R	R	I	K	E	V	B
L	D	Y	Q	W	P	W	A	B	H	U
G	E	G	O	T	T	E	S	L	O	B

Lösung

F	A	W	Q	D	A	T	G	O	T	T
O	R	T	K	I	R	C	H	E	O	A
R	B	A	E	N	K	E	T	X	M	B
G	YA	K	L	Z	U	N	M	B	E	E
E	A	L	T	A	R	Q	O	L	S	R
L	P	K	I	Z	G	T	C	H	S	N
B	N	M	N	E	Q	H	U	U	D	A
K	E	R	Z	E	N	C	I	T	I	K
A	G	U	T	P	I	I	E	S	E	E
N	E	L	N	A	G	L	T	T	N	L
E	M	T	Z	S	F	S	S	H	E	I
K	E	F	D	T	T	E	I	C	R	E
C	I	R	T	O	Y	G	R	I	J	K
O	N	F	H	R	R	I	K	E	V	B
L	D	Y	Q	W	P	W	A	B	H	U
G	E	G	O	T	T	E	S	L	O	B

FISCHE AUS FRUCHTGUMMI

GRUPPENGRÖSSE: Große Gruppe/kleine Gruppe/allein

DAUER: Ca. 15 Minuten + Aushärten (ca. drei bis vier Stunden im Kühlschrank)

MATERIAL:

- Zutaten siehe Rezept
- flache Schale oder Blech
- Brettchen
- saubere Dose
- Löffel
- Topf
- Waage
- Messbecher

Hinweise

Der Fisch war ein Erkennungszeichen der frühen Christen und ist heute wieder im Gebrauch (siehe auch Idee „Holzkreuz aus Latten“ im Kapitel „Gott und Jesus“).

Die Buchstaben des griechischen Wortes für Fisch stehen für eine Charakterisierung Jesu Christi. Ins Deutsche übertragen lautet diese Charakterisierung: „Jesus Christus Gottes Sohn Retter.“ Einige Zeit lang wurde der Fisch auch als Symbol für die Eucharistie gebraucht.

Sich zu erkennen geben bzw. einander zu sagen, wofür man einsteht und wozu man gehört, schafft Gemeinschaft und stärkt den Einzelnen.

Einführung

Der Fisch ist schon lange das Symbol der Christen. Auch heute begegnen wir dem Fischsymbol auf Autos oder Fahrrädern. Die Menschen, die den Fisch dort aufgeklebt haben, zeigen damit: Ich gehöre dazu. Ich bin ein Christ. Die hier hergestellten Fische sind aus Fruchtgummi und sind der „Renner“. In unserer Kommuniongruppe werden diese Fische als Geburtstagsgeschenk für die Kokis in Folie verpackt verschenkt.

Rezept

- Ca. 500 g Mehl
- 18 g (1 Päckchen) gemahlene weiße Gelatine
- 35 ml Wasser
- 30 g Fruchtsirup (bevorzugt Cola-Geschmack, Erdbeersirup, Himbeersirup …)
- 20 g Zucker
- 10 g flüssigen Honig
- 1 Spritzer Zitronensäure (frische Zitrone oder Konzentrat)

Die Gelatine und das Wasser in die Dose geben und quellen lassen. Das Mehl auf das Backblech geben. Mit der langen Kantenseite des Brettchens das Mehl glatt streichen. Das Mehl sollte ca. 2 cm dick sein. Jetzt werden Formen hineingedrückt. Dazu kann man vorgefertigte Schablonen verwenden oder die Griffseite eines Messers. Es können mehrere kleine Fische oder einige große hergestellt werden.

Die Dose in einen Topf mit Wasser auf den Ofen stellen und die Gelatine auflösen (nur erwärmen, nicht kochen). Ist die Gelatine aufgelöst, werden die restlichen Zutaten zugefügt. Alles gut verrühren. Die Mischung bis zum Klarwerden stehen lassen. Aber nicht zu lange, es geliert schnell. Die Mischung vorsichtig in die Mehl-Vertiefung füllen. Die Materialien sofort spülen, da nach Erkalten alles ziemlich klebt und nur schwer abgeht.

Nach dem Festwerden die Fruchtgummis mit etwas Mehl bestäuben, da sie sonst zusammenkleben.

SCHOKOLADEN-NIKOLAUS

GRUPPENGRÖSSE: Große/kleine Gruppe/allein

DAUER: Ca. zehn Minuten

MATERIAL:
- Schokoladen-Nikolaus
- Kopien
- Stift, Malstifte
- Schere
- Tesa-Film

Hinweise

Der heilige Nikolaus aus Smyrna, einem Ort in der heutigen Türkei, übte tagaus tagein Nächstenliebe und kümmerte sich um Mitmenschen. Als Bischof und als Heiliger sowie Vorbild machte er zudem erlebbar, dass Gott sich um die Menschen sorgt.

In der Kommunionvorbereitung hat die Idee „Schoko-Nikolaus“ ihren Platz, damit die Kokis zwischen Nikolaus als christlicher Tradition und dem Weihnachtsmann unterscheiden können. Dieses Unterscheiden vermittelt Identität. Das gilt selbst dann, wenn die Identität nur durch das Abgrenzen von geschäftlichen Verzweckungen religiöser Hintergründe geschieht.

Einführung

Der Schokoladen-Nikolaus aus dem Kaufhaus ist eigentlich ein Weihnachtsmann. Ihm fehlen alle äußeren Zeichen eines Bischofs, nämlich die Mitra (Bischofsmütze) und der Hirtenstab.

Der heilige Nikolaus ist ungefähr seit dem 17. Jahrhundert der Schutzpatron der Kinder, der kleine Geschenke bringt.

Anleitung

Je nach Größe des Schoko-Nikolauses die Kopien vergrößern oder verkleinern.

Die Kopien ausschneiden und nach Bedarf anmalen. Die Mitra dem Kopfumfang anpassen, die Seitenlaschen zur Weitenregulierung nehmen. Mit einem Streifen Tesa-Film rückwärtig festkleben. Den Bischofsstab an der rechten Hand, die Bibel an der linken Hand ankleben. Anschließend können den Kindern Geschichten über den heiligen Nikolaus erzählt werden. Zum Schluss wird er gemeinsam vernascht.

KOPIERVORLAGE

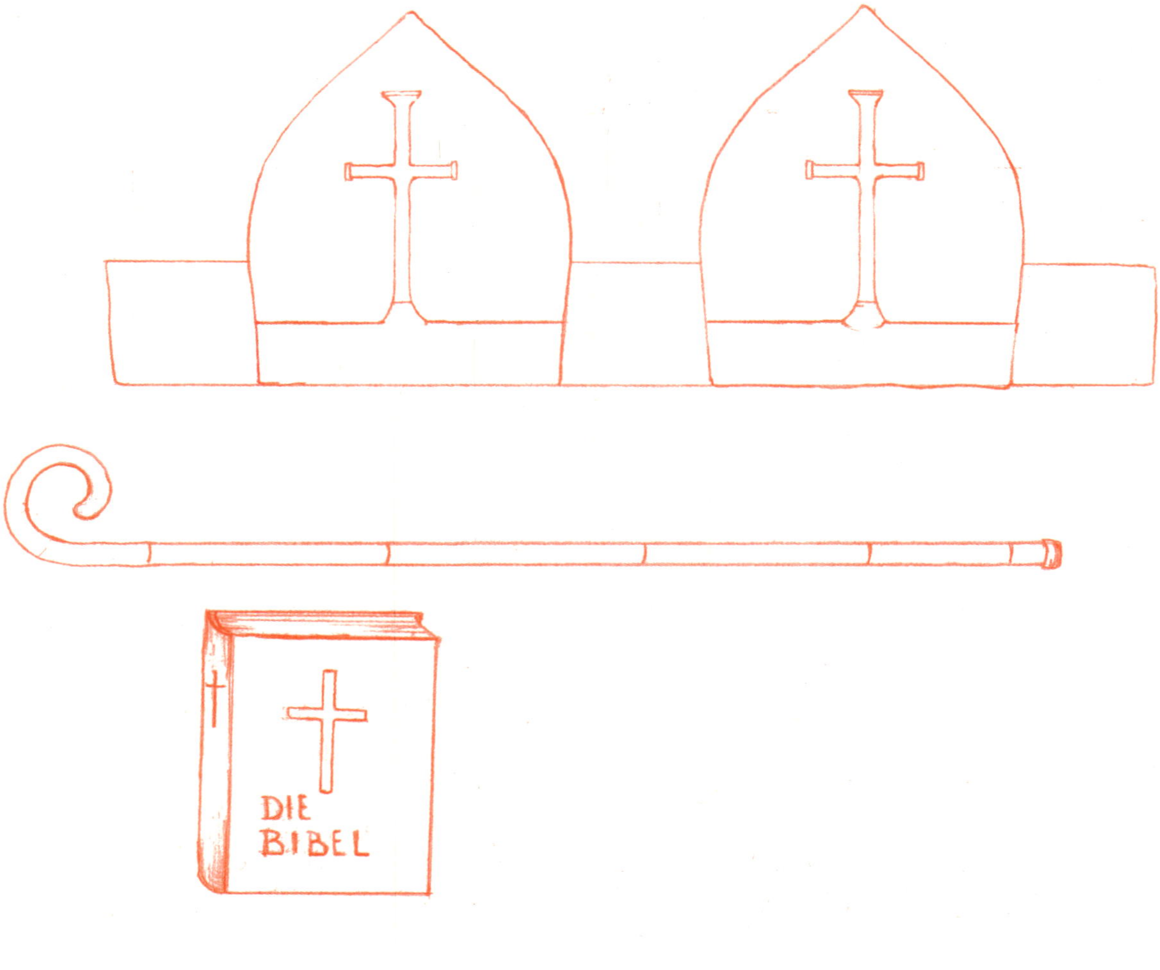

IDEEN ZUM ASPEKT

GOTT UND JESUS

KREUZWORTRÄTSEL

GRUPPENGRÖSSE: Große/kleine Gruppe/Einzelarbeit

DAUER: Ca. zehn Minuten

MATERIAL: Kopiervorlage des Rätsels und ein Stift

Hinweise

Die Besonderheit Jesu wird schon in der biblischen Überlieferung seiner Geburt deutlich. Nicht nur die Umstände, sondern auch die Botschaft der Geburt geben es zu erkennen: Gott ist Mensch geworden. Die Gottheit Jesu ist für Kokis schwer zu verstehen. Aber sie ist pädagogisch umsetzbar durch den Hinweis: Wie kein anderer zeigt uns Jesus unseren Gott (siehe auch Idee „Kreismühle"). Verbunden mit dieser kindgerechten Glaubensaussage hat das Kreuzworträtsel seinen Platz in der Vorbereitung der Kokis.

Einführung

Dieses Kreuzworträtsel enthält 13 Fragen rund um Jesu Geburt. Ich habe das Rätsel in der Adventzeit eingesetzt. In der Vorbereitungszeit ist das Thema aber immer aktuell, so dass man es auch im ganzen Jahr einsetzen kann. Die meisten Kinder wissen fast alle Antworten oder sie ergänzen sich. Wenn in einer Gruppe gerätselt wird, weiß das eine Kind, was ein anderes vielleicht nicht weiß. So finden sie schnell den Lösungsspruch.

Antworten

WAAGERECHT:

1. Betlehem
2. Maria
3. Krippe
4. Hirten
5. Augustus
6. Esel
7. Schafe

SENKRECHT:

1. Balthasar
8. Gold
9. Herodes
10. Engel
11. Josef
12. Stern

Lösungssatz

„Ehre sei Gott in der Höhe".

KOPIERVORLAGE KREUZWORTRÄTSEL

WAAGERECHT:

1. In welchem Ort wurde Jesus geboren?
2. Wie heißt die Mutter von Jesus?
3. Worin legte Maria das Kind?
4. Wer war nachts auf dem Feld?
5. Wer erließ das Gebot zur Volkszählung?
6. Mit welchem Tier „reisten" Maria und Josef?
7. Wer oder was wurde nachts auf dem Feld bewacht?

SENKRECHT:

1. Wie heißt einer der Heiligen Drei Könige?
8. Was brachten die Könige als Geschenk mit?
9. Wer wollte Jesus töten lassen?
10. Wer verkündete den Hirten die frohe Botschaft?
11. Wie heißt der Verlobte von Maria?
12. Wer zeigte den Heiligen Drei Königen den Weg?

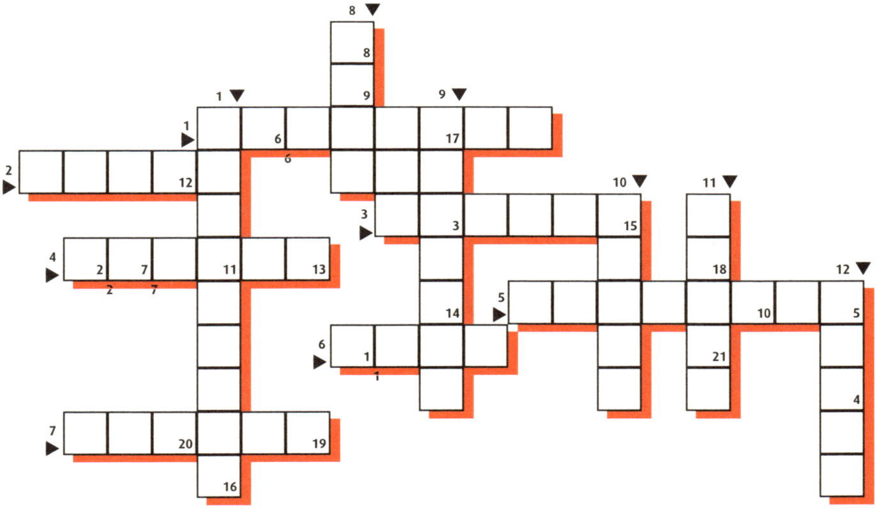

LÖSUNG

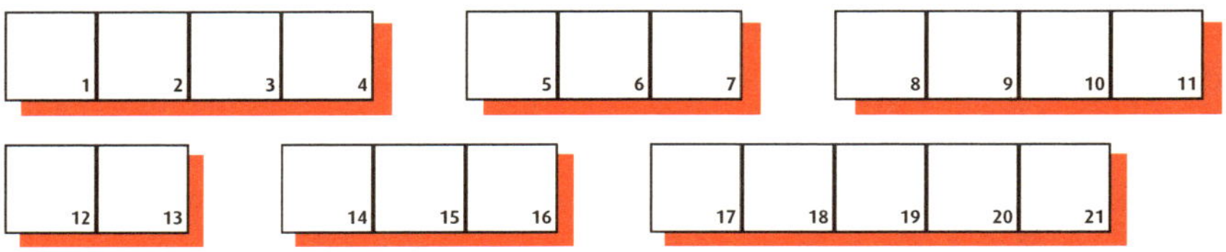

KREISMÜHLE

GRUPPENGRÖSSE: Je zwei Spieler, kann in einer Gruppe als Turnier oder Wettkampf gespielt werden.

DAUER: Je Spiel ca. ein bis zwei Minuten

MATERIAL:
- Kopie des Spieles
- Schere zum Ausschneiden der Spielsteine

Hinweise

Legt die vorige Idee „Kreuzworträtsel“ den Akzent auf das Besondere und verweist es auf sein Gott-Sein, verweist die Idee „Kreismühle“ auf seine andere Wirklichkeit, nämlich die Menschennatur Jesu.

Dass in Jesus unser Gott Mensch wurde, lässt sich Kindern schwer vermitteln. Eine Hilfestellung ist die Aussage, Gott wolle den Menschen so nah wie nur irgend möglich sein. Dies hat Jesus möglich gemacht.

Dabei legt das Spiel „Kreismühle“ einen besonderen Akzent: die Kindheit Jesu. Dadurch wird den Kindern Jesus als mit ihnen vergleichbar vorgestellt.

Einführung

Die Kinder, die zur Zeit Jesu gelebt haben, hatten nicht viel Zeit zum Spielen. Sie mussten schon früh mithelfen. Die Jungen wurden vom Vater angeleitet und die Mädchen von der Mutter. Das einfache Spielzeug wurde selbst hergestellt. Dieses Spiel sollen die Kinder auch schon gespielt haben. Das Spielbrett konnte in den Sand gemalt werden, die Spielsteine waren Steine.

Anleitung

Steine ausschneiden, jeder Spieler erhält drei Steine, der Spieler mit den weißen Steinen beginnt.

Die Schnittstellen mit dem Kreis und die Mitte sind Felder, auf denen gesetzt werden darf. Abwechselnd legt jeder Spieler einen Stein auf das Spielfeld. Jeder Spieler versucht drei Steine in einer Reihe über die Mitte zu legen. Sind alle Steine gesetzt, darf gezogen werden, aber immer nur ein Feld. Dabei ist es egal, ob vorwärts oder rückwärts.

Auch über die Mitte darf gezogen werden. Wer zuerst drei Steine in einer Reihe über die Mitte gelegt hat, ist Sieger.

Lustiges Spiel, das man auch „mal eben" spielen kann, weil es so schnell beendet ist.

KOPIERVORLAGE KREISMÜHLE

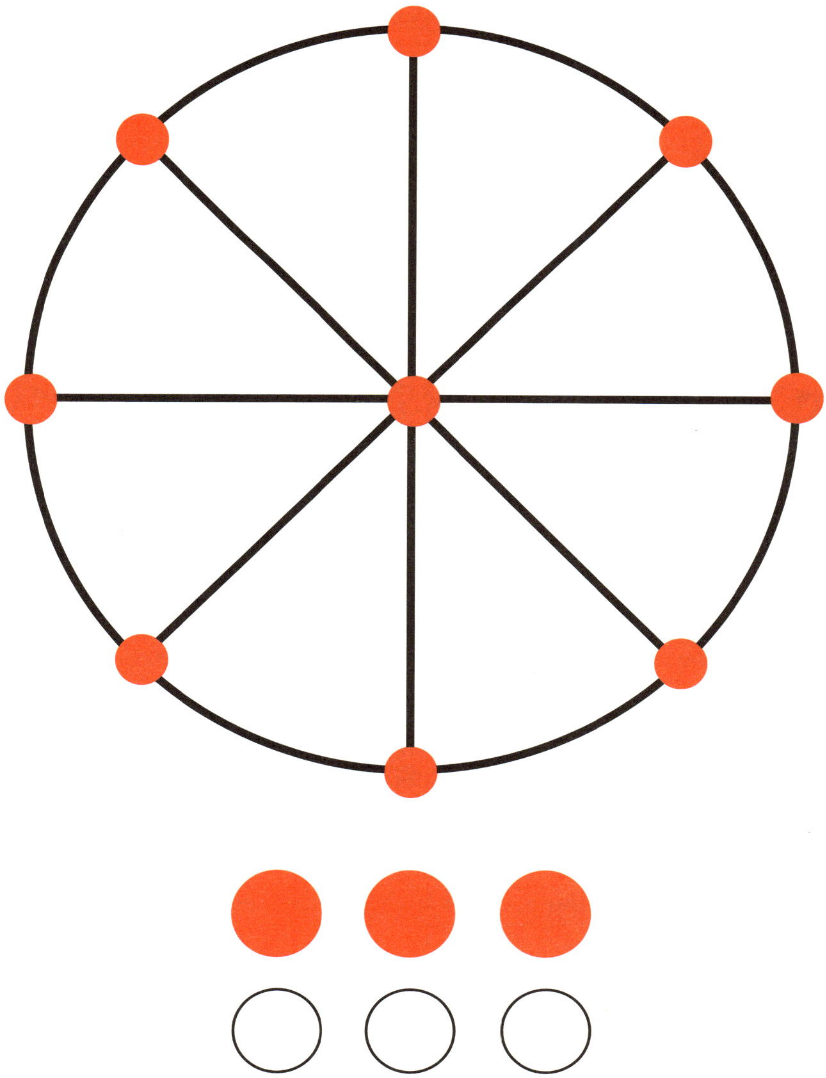

TUNIKEN ALS VERKLEIDUNG FÜR ROLLENSPIELE

GRUPPENGRÖSSE: Kleine Gruppe

DAUER: Ca. eineinhalb Stunden

MATERIAL:
- Ca. 2 m Stoff (nicht zu dick)
- Garn
- Nähmaschine
- Schneiderkreide
- Stoffschere
- Stecknadeln
- Tücher
- breite Schals

Hinweise

Die Kleidungsstücke führen die Kinder in die Welt Jesu: Tuniken trugen die Römer zur Zeit Jesu in Palästina. Die alltägliche Kleidung eines Juden sah ähnlich aus wie eine Tunika: ein mittellanges Gewand, gehalten von einem Gürtel und in Falten/Gewandbäuschchen gelegt, so dass oberhalb des Gürtels in den Gewandfalten Dinge (z. B. Geld) aufbewahrt werden konnten. Durch Verkleidung und den damit kenntlich gemachten Rollenwechsel ist das Einfinden in eine ungewohnte Spielrolle leichter. Deshalb sind die Tuniken für die Kinder ein Hilfsmittel, um sich aus ihrer Kinderrolle zu lösen und in eine Spielrolle einzusteigen.

Bei der Stoffwahl bitte beachten: Die Kinder tragen die Tunika meist über ihrer Kleidung, daher leichten Stoff verwenden. Ideal ist Baumwolle.

Die Tunika wird angefertigt und ist im Fundus des Kommunionunterrichtes für Rollenspiele. Dann benötigt man natürlich mehrere.

Anleitung

Alle Maße auf den Stoff übertragen. Die Tunika kann mit oder ohne Ärmel gefertigt werden. Mit ca. 2 cm Nahtzugabe ausschneiden. Die Ränder mit Zickzack-Stich versäubern. Den Stoff für das Vorder- und Rückenteil rechts auf rechts legen. Die Schulternähte schließen, dabei die Öffnung für das Kopfloch ca. 30 cm mittig offen lassen. Wer Ärmel möchte, diese jetzt ansetzen und einnähen. Anschließend die Seitennähte schließen. Wer keine Ärmel möchte, der näht die Nahtzugabe an Vorder- und Rückenteil an. Ebenso am Halsausschnitt. Am Saum den Stoff ca. 2 cm nach innen legen und festnähen, ebenso bei den Ärmeln. Die Tunika wird mit einem Gürtel getragen.

MASSANGABEN FÜR DIE TUNIKA

VORDERTEIL / RÜCKENTEIL

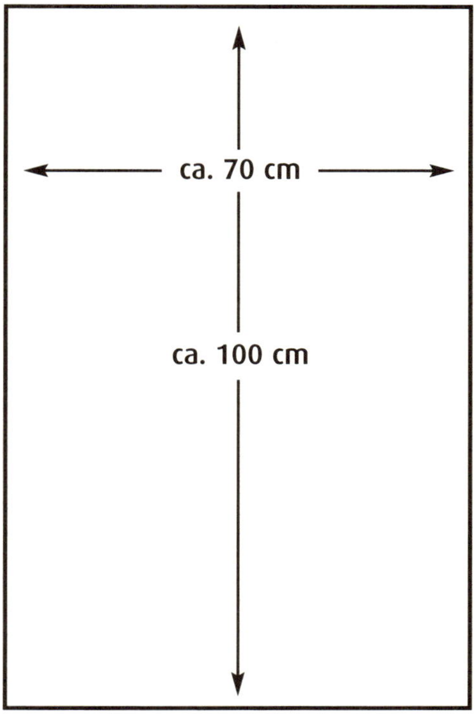

ÄRMEL

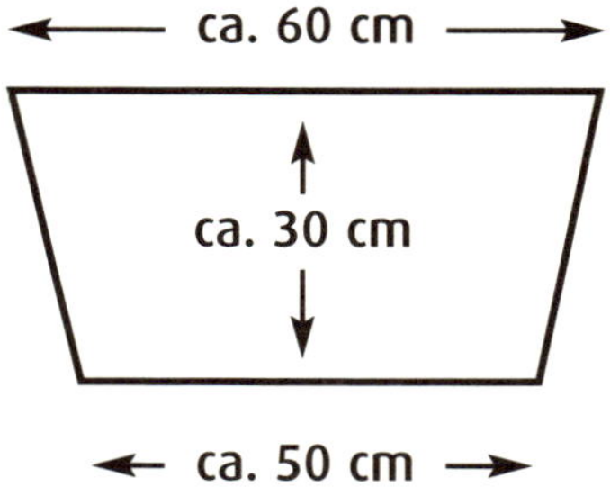

TISCH DECKEN – BROT DES LEBENS

GRUPPENGRÖSSE: Große/kleine Gruppe

DAUER: Ca. 30 Minuten

MATERIAL:
- weiße Tischdecke
- Teller
- Becher
- Brot und Traubensaft
- Tuch zum Einwickeln des Brotes

Hinweise

Ein Gemeinschaftsmahl macht aus einem unvermeidbaren Ernährungsvorgang ein schönes Erlebnis des Zusammenhalts. Die Idee „Tisch decken" schafft ein solches Erlebnis. Sie ermöglicht den Kindern zudem, später in der Eucharistiefeier das wichtige Gemeinde bildende Ereignis zu entdecken. Nebenbei: Katecheten berichten davon, dass ihre Kokis gemeinsame Mahlzeiten in ihren Familien nicht kennen. Für sie ist „Tisch decken" eine existentielle Erfahrung, die für das Miterleben einer Eucharistiefeier grundlegend ist.

Beim Essen und Trinken merken die Kokis sehr deutlich, dass sie empfangen bzw. entgegennehmen und zwar das, was verteilt bzw. ihnen gegeben wird. Diese wichtige Erfahrung können sie mit Hilfestellung der Katecheten dahingehend vertiefen, dass Mahl-Halten der beste Anlass ist, herzlichst „danke" zu sagen für alles Geschenkte (für ihr Dasein, ihre Eltern, Freunde, gute und schlechte Momente ihres Lebens).

Evtl. spüren die Kinder auch, dass der, der „danke" sagt, Freundschaft und Verbundenheit sucht und findet mit demjenigen, dem gedankt wird (siehe auch Kapitel „Bibel").

Anleitung

Die Kinder sitzen im Kreis auf dem Boden. In der Mitte wird die Tischdecke ausgebreitet. Der Tisch wird mit Tellern und Bechern gedeckt. In einem Tuch verhüllt wird das Brot in die Mitte gelegt. Daneben wird eine Kanne mit Saft gestellt. Das Brot wird langsam Zipfel für Zipfel ausgepackt. Jetzt kann besprochen werden, was Brot bedeutet:

- satt – hungrig
- reich – arm
- Überfluss – Not
- Essen
- Familie
- Erde – Acker – Korn – Mehl – Müller – Regen – Sonne
- Vater – Mutter
- Eucharistie
- Jesus
- …

Jeder bricht sich ein Stückchen Brot ab und schenkt sich etwas Saft ein. Gemeinsam kann ein Tischgebet (z. B. vom Gebetswürfel) gesprochen werden. Dann wird gemeinsam gegessen.

HOLZKREUZ AUS LATTEN

GRUPPENGRÖSSE: Kleinere Gruppen/größere Gruppen

DAUER: Ca. eine Stunde, abhängig vom handwerklichen Geschick und Anzahl Teilnehmer/-innen

MATERIAL:

- Holzlatten/-leisten
- Bleistift
- kleine Säge
- Stückchen Schmirgelpapier
- Holzleim
- Alleskleber
- Tacker
- Doppelklebeband
- Glitter oder schöne Steinchen zum Verzieren
- Aufhänger zum Kleben

Hinweise

Das Kreuz ist *das* Zeichen der Christenheit (siehe auch Idee „Fische aus Fruchtgummi".) Deshalb ist es ein Zeichen, mit dem sich die Kokis vertraut machen sollen. Da Kokis mit Sterben und Tod allgemein vertraut sein dürften, können sie das Kreuz als Zeichen für das Leben, Sterben und den Tod Jesu gut verstehen. Auf die im Koki-Alter schwer verständliche Auferstehung sollten die Katecheten dennoch deutlich hinweisen. Gegenüber dem Fisch-Zeichen hat das Kreuz als Identitätszeichen des Einzelnen wie der Gemeinschaft den alles entscheidenden Vorzug, auch das Leiden Jesu zu benennen.

Einführung

Die Herstellung von Holzkreuzen erfordert etwas Geschick. Das Kreuz ist *auch* als *Freudenkreuz* zu verstehen, denn Jesus Christus ist auferstanden und nicht tot am Kreuz geblieben. Er ist auferstanden und lebt, daher hier ein Kreuz ohne Korpus, sondern mit schönen Steinchen oder Glitter. Jedes Kreuz wird ein Unikat und damit wertvoll.

Bastelanleitung

Mit dem Bleistift auf der Holzlatte Abstände von 20 cm und zweimal je 8 cm markieren und absägen, evtl. Unebenheiten mit Schmirgelpapier glätten, die zwei kürzeren Holzstückchen nach Bildangabe mit Holzleim an dem längeren Holzstück ankleben und zusätzlich rückwärtig tackern (zwei- bis dreimal). So kann gleich weitergearbeitet werden. Für das Holzteil, das mittig zwischen den zwei kleinen angesetzten Holzstücken liegt, wird ein passendes Stück Doppelklebeband geschnitten und aufgeklebt. Anschließend die Folie abziehen und Glitter aufstreuen. Dann die Steinchen aufkleben. Zum Schluss den Aufhänger anbringen. Alles gut trocknen lassen.

KARFREITAG UND OSTERN ERFAHREN NACH DER KETT-METHODE

GRUPPENGRÖSSE: Große/kleine Gruppe

DAUER: Ca. 30 bis 35 Minuten

MATERIAL:

- Dunkles Tuch, grünes Tuch, bunte Tücher oder Pappzuschnitte
- Kerze
- Schwerter aus Papier
- Kordel
- Kreuz
- Steine
- Dornenkrone (wenn vorhanden)
- Legematerial wie Steinchen, bunte Hölzchen, Strohhalme, Perlen
- Text

Hinweise

Eine kindgerechte Hinführung zu dem dreitägigen, brutalen Geschehen in Jerusalem ist schwer.
Die Kett-Methode ist eine Hilfestellung, die sinnvolle Erzählabschnitte schafft und die ausgewählte Einzelereignisse für die Kinder wahrnehmbar macht.

Die zeichenhaften Elemente tragen zum einen die inhaltlichen Aussagen. Zum anderen repräsentieren sie auch die Gefühle der Kinder und durch diese Veräußerlichung der Gefühle werden die Kokis entlastet.

Anleitung

Die Passionsgeschichte (zum Beispiel Markus 14,32–16,8) wird vorgelesen und nach jedem Sinn-Abschnitt wird das Bild weitergestaltet.

• Beginnend mit der Nacht zum Karfreitag wird ein grünes Tuch auf den Boden gelegt, das den Garten Getsemani darstellen soll. Jesus ging dorthin, um zu beten. Eine Kerze als Symbol für Jesus wird aufgestellt und angezündet. Auf dem weiteren Weg wird diese weitergerückt. Wie hat Jesus sich wohl gefühlt?

• Ein dunkles Tuch wird an das grüne angelegt, es soll den Leidensweg symbolisieren. Jesus hatte Angst. Judas verriet Jesus an die Römer, und Soldaten kamen und nahmen Jesus gefangen. Als Symbole für die Soldaten und die Gefangennahme dienen die Papierschwerter und Kordeln als Fesseln.

• Jesus wurde verurteilt, ihm wurde eine Dornenkrone aufgesetzt und er wurde ans Kreuz geschlagen. Die Symbole Kreuz und Dornenkrone auf den Weg legen. Nach der Kreuzigung und dem Tod Jesu wird die Kerze gelöscht. Jesus wurde in ein Grab getragen. Die Kinder bauen aus Steinen ein Grab.

• Als nun die Frauen erkannten, dass Jesus auferstanden war, verwandelte sich die Trauer in Freude. Die Kerze wird wieder angezündet. Die Freude der Auferstehung wird mit bunten Tüchern oder Papierstreifen dargestellt. Diese können, wenn gewünscht, individuell von den Kindern gestaltet werden.

So eine intensiv erlebt und gestaltete Bibelgeschichte bleibt den Kindern lange in Erinnerung.

BEISPIEL:

WEGE GEHEN – IRRGARTEN

GRUPPENGRÖSSE: Große/kleine Gruppe

DAUER: Ca. 30 Minuten

MATERIAL:
- Kopie der Labyrinth-Vorlagen
- Malstifte
- evtl. CD mit ruhiger Musik
- CD-Player

Hinweise

Ein Labyrinth mit seinem Hin und Her, Vor und Zurück, Vorbeigehen und Nähern stellt implizit wichtige Fragen: Vertraust du deinem Ziel? Traust du dir auf deinem Weg? Oder wirst du unsicher? Willst du aufgeben? Schon den Kindern wird ein Labyrinth zu einer spielerischen Probe, wie ernsthaft sie ihren Weg verfolgen. Unter Anleitung der Katecheten können die Kinder diese Probe deuten als Reflexion, wie sehr die Kokis selbst glauben, hoffen, lieben, d. h. für sie: wie sehr sie auf Gott setzen und den Weg zu Gott verfolgen.

Labyrinthe zu gehen oder zu malen wie hier dient der Einfühlung, dass vieles im Leben unnötig oder erfolglos scheint, aber eben nicht vergeblich ist, sondern letztlich doch zur Mitte, d. h. zu Gott führt. Labyrinthe zu gehen ist ein traditionelles Mittel der Meditation. Insofern gehört die Idee „Wege gehen – Irrgarten" auch zum Aspekt „Gebet".

Einführung

Unser ganzes Leben ist ein Weg, den wir gehen, mal allein oder zu zweit oder in einer Gruppe. Es kommt darauf an, den richtigen Weg zu finden und zu begehen. Das ist nicht immer leicht, denn man kann in Sackgassen geraten, auf Umwegen ans Ziel kommen oder ganz vom Weg abweichen. Das erste Bild fordert auf, den eigenen Weg zum Ziel, das ist der Berg mit dem Gipfelkreuz, zu suchen und zu finden. Mehrere Möglichkeiten stehen zur Auswahl. Der Weg kann farbig, zum Beispiel in den Regenbogenfarben, ausgemalt werden. Das zweite Bild lädt ein, in einem Irrgarten mit ganz kleinen Sackgassen den richtigen Weg zur Mitte zu finden. Auch hier kann der Weg farbig ausgemalt werden. Um dieses Tun zu unterstreichen, kann eine kleine Meditation vorweggenommen werden.

Anleitung

Die Worte über das Thema „Weg“ sollte man sich vorher zurecht legen oder es können nachstehende Worte übernommen werden. Dazu die Musik anstellen und ein paar Takte hören. Dann mit leichter und ruhiger Stimme vorlesen. Zwischendurch kurze Pausen machen. Anschließend die Kopie verteilen und bearbeiten; kurze Gesprächsrunde.

Weg

Die Wege, die wir gehen wollen, sind nicht immer gleich.
Mal laufen wir allein, mal zu zweit oder in einer Gruppe.
Aber unseren eigenen Weg müssen wir allein finden.
Wenn wir starten, dann ist der Weg vielleicht schön und angenehm zu gehen, er führt vielleicht geradeaus.
Aber er kann auch unbequem werden und steinig.
Vielleicht wird er auch eng und schmal.
Der Weg führt nicht immer geradeaus, sondern er schlängelt und windet sich, bald einen Berg hinauf, bald hinunter.
Oder es kommt eine Abzweigung – für welchen Weg entscheide ich mich?
Aber – um zu wissen, welches der richtige Weg für mich ist, muss ich ihn gehen.

KOPIERVORLAGE

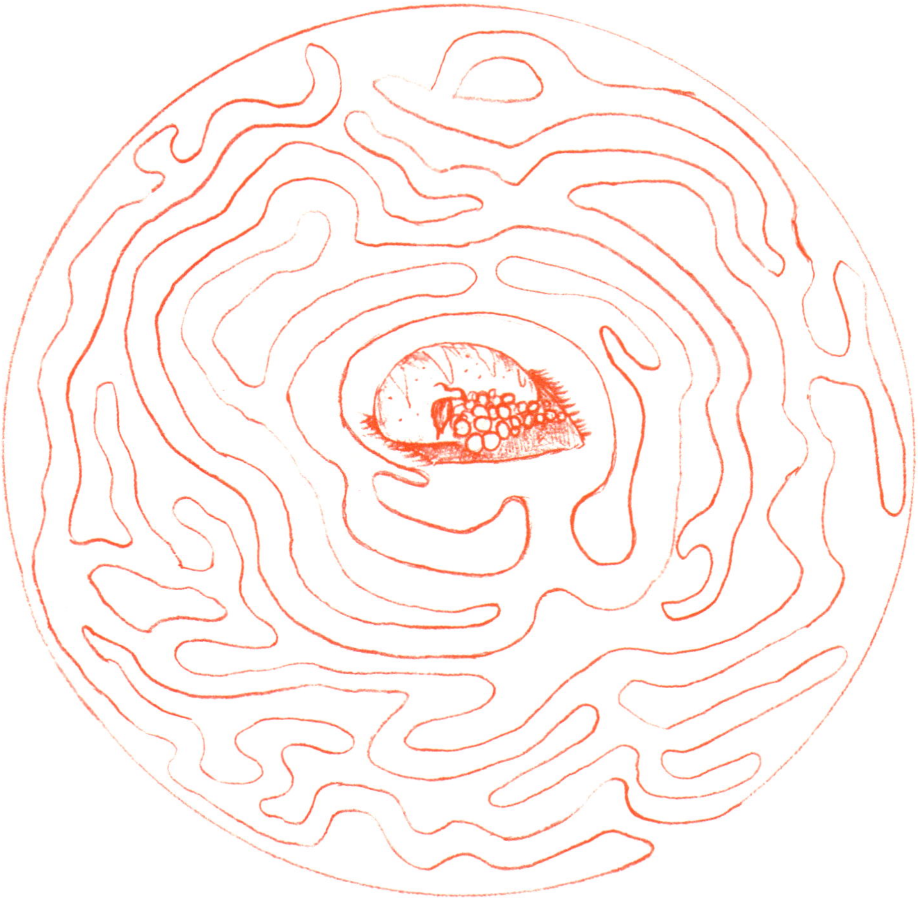

IDEEN ZUM ASPEKT

BIBEL

BIBELKUCHEN

GRUPPENGRÖSSE: Große/kleine Gruppe

DAUER: Ca. 15 Minuten (ohne Backzeit)

MATERIAL:
- Eine Bibel für jedes Kind
- Zutaten siehe Rezept

Hinweise

Die Bibel ist für Christen das Wort Gottes in zweifacher Hinsicht: Zum einen ist es das Wort, das uns von Gott erzählt. Zum anderen – und entscheidend – ist es das Wort, das von ihm (über Menschen) zu uns kommt. Deswegen können Christen – ob klein oder groß – ohne Gottes Wort nicht sein – wie Menschen nicht ohne Nahrung sein können. Dieser Vergleich lässt sich mit Kokis leicht erarbeiten, wenn der Kuchen fertig auf dem Tisch steht.

Über das Suchen nach den einzelnen biblischen Büchern, nach Kapiteln und Versen lernen die Kokis beiläufig etwas über die Anordnung der Bücher und ihre interne Aufteilung. Einen weiteren Lernerfolg kann die Idee „Bibelkuchen" ermöglichen: Die Kokis merken, dass in der Bibel alltägliche Dinge vorkommen.

Lösung

ZUTATEN:
- 250 g (Psalm 55,22) = 250 g Butter
- 6 Stück (Jesaja 10,14) = 6 Eier
- 1,5 Tassen (Richter 14,18) = 1,5 Tassen Honig
- 4,5 Tassen (1 Könige 5,2) = 4,5 Tassen Mehl
- 2 Tassen (Levitikus 19,10) = 2 Tassen Rosinen
- 1 Tasse (Numeri 17,23) = 1 Tasse Mandeln
- 1 Prise (Levitikus 2,13) = 1 Prise Salz
- 3–4 Teelöffel (Jeremia 6,20) = 3–4 Teelöffel Gewürze
- 0,75 Tassen (Richter 4,19)= 0,75 Tassen Milch
- 3 Teelöffel Backpulver

Einführung

Bei diesem Bibelkuchen-Rezept kann man sich auf originelle und ungewöhnliche Weise mit der Bibel beschäftigen. Die einzelnen Zutaten müssen in einer Art Suchspiel herausgefunden werden. Die Backzutat verbirgt sich hinter der angegebenen Bibelstelle. Ist etwas nicht eindeutig, muss man es dem Kontext entnehmen.

Der Umgang mit der Bibel ist den meisten Kokis nicht geläufig und kann hiermit ein wenig geübt werden. „Meine" Kokis haben der Reihe nach jeder eine Backzutat herausgefunden und waren mit Eifer und viel Freude bei der Sache. Eine kurze Einführung ist dabei hilfreich. Bei einem Nachtreffen nach der Erstkommunion, bei dem jeder Fotos zeigen, von seinen Erfahrungen, Aufregungen usw. am Kommuniontag berichten kann, wird der (vorher gebackene) Bibelkuchen gegessen.

KOPIERVORLAGE REZEPT BIBELKUCHEN

1. 250 g (Psalm 55,22)
2. 6 Stück (Jesaja 10,14)
3. 1,5 Tassen (Richter 14,18)
4. 4,5 Tassen (1 Könige 5,2
5. 2 Tassen (Levitikus 19,10)
6. 1 Tasse (Numeri 17,23)
7. 1 Prise (Levitikus 2,13)
8. 3–4 Teelöffel (Jeremia 6,20)
9. 0,75 Tassen (Richter 4,19)
10. 3 Teelöffel Backpulver

1 + 2 schaumig rühren. Abwechselnd **3 + 4 + 9** hinzugeben, dann **7 + 8** hinzufügen. **6** zerkleinern und mahlen, mit **5** und einem Teil von **4** vermengen und dem Teig zugeben. Durch das Vermengen wird vermieden, dass die Zutaten auf den Boden des Teiges sinken.
Zuletzt **10** unterziehen.
Anschließend den Teig in eine Kastenform geben und 50 bis 60 Minuten bei 200 Grad Celsius backen.

TRIOMINO ALTES TESTAMENT / NEUES TESTAMENT

GRUPPENGRÖSSE: Kleine Gruppe/große Gruppe

DAUER: Ca. 10 bis 15 Minuten

MATERIAL:
- Kopie der beiden Triominos
- Schere
- bunter Filzstift

Hinweise

Beispielhaft erzählen die Texte, die in den Triominos angedeutet werden, dass Gott so handelt, dass Menschen leben können und zwar sowohl miteinander als auch mit der Schöpfung und insbesondere mit Gott. Diese Aussage kann den Kokis in der Kombination von Spiel und Erzählen vorgestellt werden.

Der Folgegedanke, der von den Katecheten erzählt werden muss, hat einen direkten Bezug zur Eucharistie und zur Erstkommunion: Die wichtigste Handlung Gottes, die uns Menschen leben lässt, ist Gottes Selbstgabe. D. h. er wird Mensch, er lebt mit uns, er wird für uns zu Fleisch und Blut.

Einführung

Diese zwei ansprechenden Spiele bestehen in ihrer Form aus Dreiecken, die sich wiederum aus neun Dreiecken zusammensetzen. Das erste Triomino beinhaltet Geschichten aus dem Neuen Testament, das zweite Triomino Geschichten aus dem Alten Testament.

Spielanleitung

Die Pyramiden werden kopiert. Die dicke Randlinie ist auf der Kopie farbig markiert, damit diese besser zu erkennen ist. Jetzt die Pyramiden in die einzelnen Dreiecke zerschneiden. Die Kokis legen dann die Dreiecke als Puzzle wieder zusammen. Jetzt muss aufgepasst werden, dass das angelegte Dreieck mit dem Text des bereits liegenden Dreiecks zusammenpasst.

Zum Spielen gibt's mehrere Varianten:

- Wettspiel in Gruppen
- Karten verteilen; jeder muss aufpassen, welche seiner Karten passt. Eventuell die Geschichte zu dem jeweiligen Bild erzählen.

Tipp

Spielkarten mit Klebefolie überziehen oder vor dem Zerschneiden laminieren. Meist besitzt jede Gemeinde ein Laminiergerät, das man mitbenutzen kann.

KOPIERVORLAGE TRIOMINO „ALTES TESTAMENT"

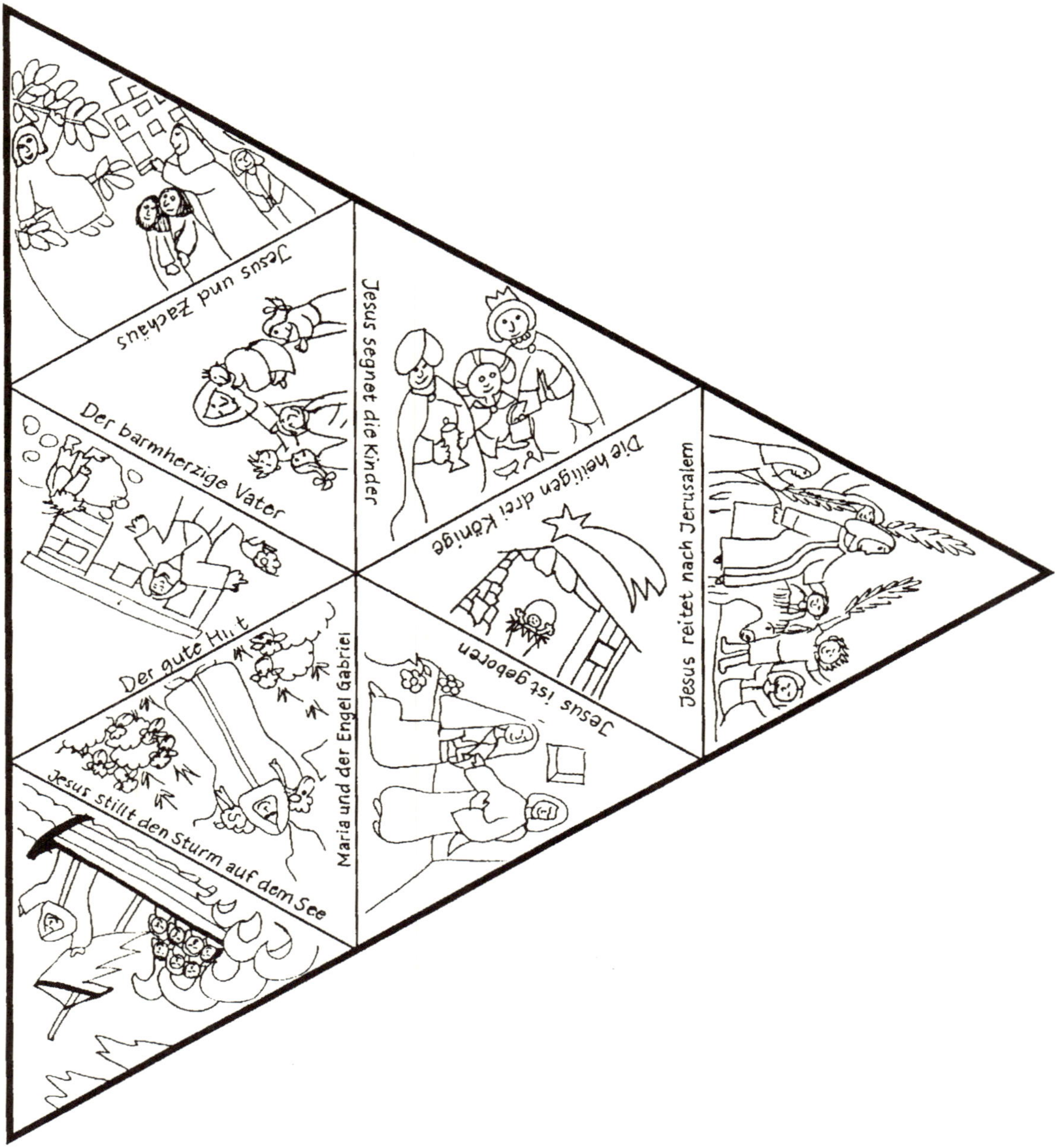

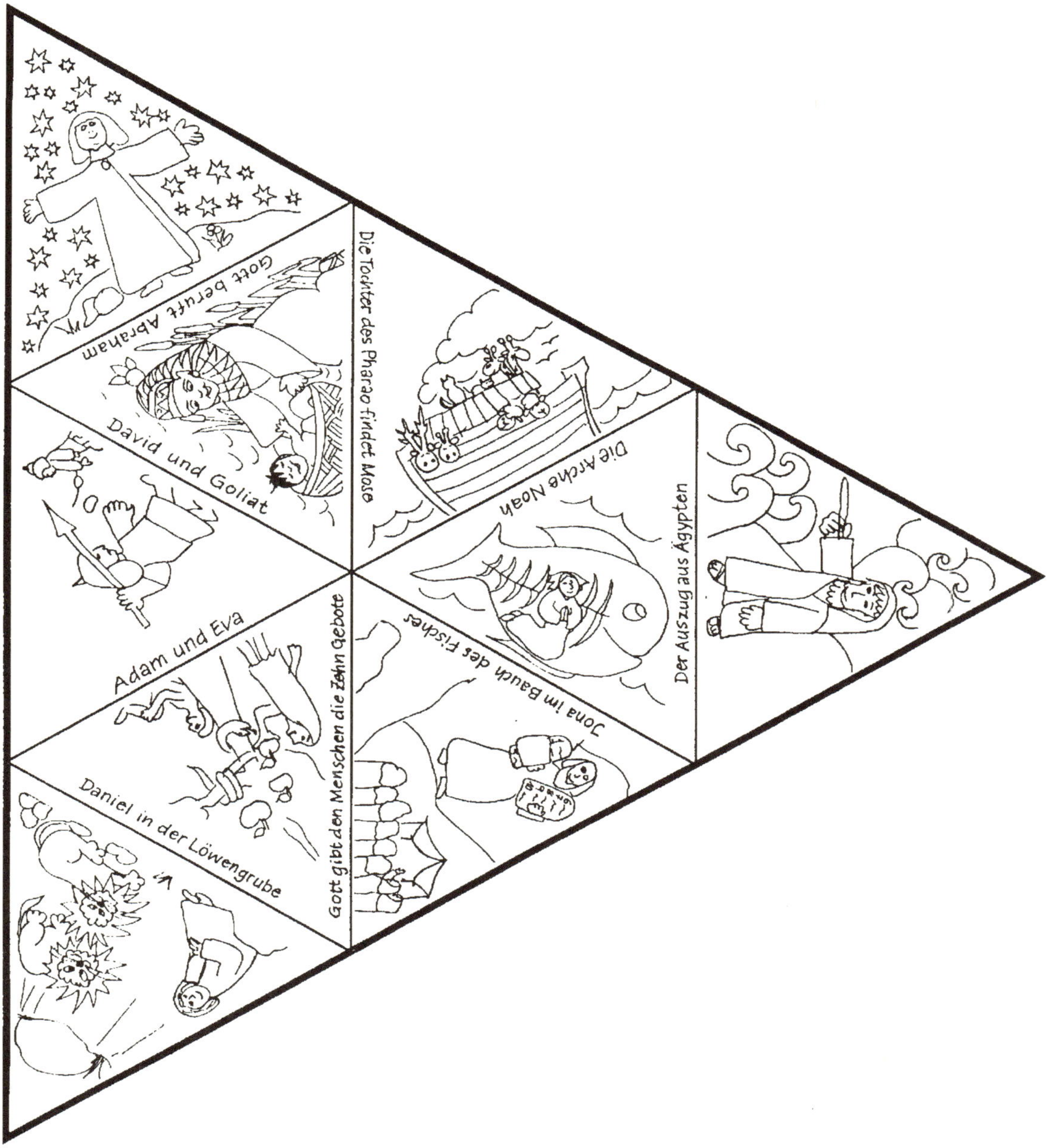
Gott beruft Abraham
Die Tochter des Pharao findet Mose
David und Goliat
Die Arche Noah
Adam und Eva
Der Auszug aus Ägypten
Jona im Bauch des Fisches
Gott gibt den Menschen die Zehn Gebote
Daniel in der Löwengrube

VATERUNSER – GESUNGEN MIT GESTEN

GRUPPENGRÖSSE: Große Gruppe/kleine Gruppe

DAUER: Ca. 3 Minuten

MATERIAL:
- Kopie mit Beschreibung der Gesten
- Evtl. CD mit selbst aufgenommener Melodie
- CD-Player

Hinweise

Die Bibel ist nicht nur wichtig für den eigenen Glauben, sondern – ganz praktisch – auch für das eigene Beten. Diese Information überrascht die Kokis, aber ein gemeinsames Lesen des Vaterunsers einschließlich der einleitenden Worte Jesu (vgl. Matthäus 6,9; Lukas 11,2) verändert ihre Ansicht. Vertieft werden könnte diese Entdeckung der Bibel als Gebetbuch, wenn beispielsweise auch Psalmen oder das Magnifikat gelesen würden.

Einführung

Das Vaterunser ist eines der wichtigsten Gebete und sollte den Kindern vertraut sein. Die Verinnerlichung des Gebetes durch Gesang und Körperausdruck fällt den Kinder leichter. Der Text kann dem Gebetswürfel entnommen werden. Die Gesten können das Gebet sowohl gesprochen als auch gesungen unterstützen. Es gibt viele verschiedene Gesten für dieses Gebet. Die in unserer Gemeinde praktizierte Form habe ich nachfolgend ausgeführt. Es ist ganz einfach zu lernen, und den Kindern macht es viel Freude.

Anleitung

Das Vaterunser singen oder sprechen und dabei die dazugehörigen Gesten ausführen.

KOPIERVORLAGE LIED

Melodie: Peter Janssens · Text: Liturgie · Peter Janssens Musikverlag Telgte, Westfalen

KOPIERVORLAGE GESTEN

Vater unser im Himmel,

Hände hochstrecken

geheiligt werde dein
dein Name.

verbeugen

Dein Reich komme.

Finger einrollen
Hände zur Brust
führen

Dein Wille geschehe,

verbeugen

wie im Himmel
so auf Erden.

Kreis beschreiben und

unser tägliches Brot
gib uns heute.

Hände als
Schale aufhalten

und vergib
uns unsere Schuld

Finger einrollen und
zur Brust führen

wie auch wir vergeben
unseren Schuldigern.

Arme und Hände
ausstrecken

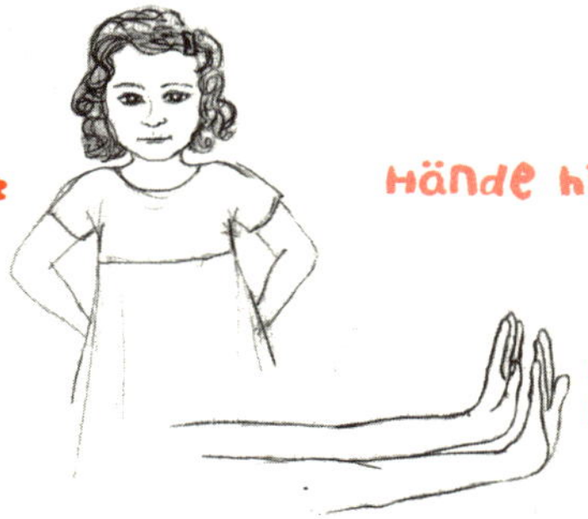

Und führe uns nicht
in Versuchung,

Hände hinter den Rücken

sondern erlöse uns
von dem Bösen.

Arme ausstrecken,
Hände hoch

Denn dein ist das Reich und die Kraft
und die Herrlichkeit
in Ewigkeit.
Amen.

GUTE-TATEN-BÜCHLEIN

GRUPPENGRÖSSE: Große/kleine Gruppe

DAUER: Ca. 20 Minuten

MATERIAL:
- Papier
- Schere
- Locher
- Band
- Tonpapier zum Verzieren

Hinweise

Die Idee „Gute-Taten-Büchlein" will nicht an Sündenregister oder Verfehlungslisten erinnern. Auch soll diese alte Vorstellung nicht durch die Idee einer positiven Liste ausgetauscht werden. Das Gute-Taten-Büchlein will eine zentrale Aussage des Alten und Neuen Testaments anschaulich machen: Wir Menschen – jung und alt – sind darauf eingestellt, das Gebot der Gottes-, Nächsten- und Selbstliebe zu erfüllen.

Mit ihren Eintragungen in das Buch vergewissern sich die Kokis, dass sie ihn umsetzen können und dass sie im guten Handeln oder im Tun von Gutem auch für sich selbst Gutes erfahren.

Einführung

Dieses Büchlein ist schnell und einfach hergestellt. Die Kokis sollen dort hineinschreiben, wenn sie etwas Gutes getan haben. Das gibt den Kindern ein Gefühl dafür, wie einfach es ist, etwas Gutes zu tun.

Bastelanleitung

Die DIN A4-Blätter falten und auseinander schneiden, also auf DIN A5 Größe verkleinern. So mit ca. vier bis fünf Blättern verfahren. Das Deckblatt und das unterste Blatt in gleicher Größe aus Tonpapier fertigen. Das Deckblatt schön verzieren. Alles lochen und mit einem Band zusammenbinden. Auf die erste Seite schreiben die Kinder:

Nichts Böses, Herr, habe ich getan.
Meine Hände sind sauber.
Gewiss doch, antwortete ihm der liebe Gott, aber sie sind leer.

IDEEN ZUM ASPEKT

GEBET

KERZE GESTALTEN / GRUPPENKERZE

GRUPPENGRÖSSE: Kleine Gruppe

DAUER: Ca. 15 bis 20 Minuten

MATERIAL:
- Kerze
- Wachsplatten
- Messer oder Prickelnadel

Hinweise

Das Gebet braucht einen Ritus, der Beginn wie auch Ende des Gebetes anzeigt. Der Ritus kennzeichnet somit die an ihn geknüpfte Zeit als eine besondere Phase des Innehaltens, der Stille und des besonderen Sprechens, d. h. des Betens.

Als Ritus für Kinder bietet sich das Anzünden einer Kerze und das Kreuzzeichen an: Das erste ist sehr anschaulich; das zweite ein Grundelement des christlichen Gebetes. Es ist gut, dass die Kokis kleine Riten erleben und praktizieren; denn diese Erfahrung kann sie anregen, für eigene Gebete und bei Bedarf diese Riten aufzugreifen.

Das Licht der brennenden Kerze kann, wenn Katechet/-in dies erläutert, für die Kokis zum Zeichen der Anwesenheit Jesu werden. Bestärkend sollte verwiesen werden auf den Jesus-Satz „Wo zwei oder drei in meinem Namen …“ (Matthäus 18,20; vgl. Matthäus 28,20).

Einführung

Schön ist es, wenn die Kommuniongruppe ihre eigene Kerze, die Gruppenkerze, hat. Zu Beginn jeder Stunde wird sie von einem Koki angezündet. Dann kann man gemeinsam ein Gebet sprechen (vgl. Gebetswürfel) oder ein Lied singen (vgl. Lieder). Die Kokis identifizieren diese Kerze sofort als „ihre“ Kerze.

Die Kinder werden dabei still und ganz selbstverständlich wird dabei das Kreuzzeichen geübt.

Wenn die Kerze auf dem Tisch nicht stört, kann sie die ganze Stunde über brennen.

Schön ist es auch, wenn die Kerze von den Kindern verziert wird. Dafür gibt es eine große Auswahl an einfachen Motiven.

KOPIERVORLAGE MOTIV 1

Die ersten beiden Buchstaben des griechischen Wortes „Christus“ sind die griechischen Buchstaben **CHI** und **RHO**.

XP = ☧

KOPIERVORLAGE MOTIV 2

FISCH = Symbolträger für Christus
Man kann diese Fische in verschiedenen Größen oder Farben anfertigen.

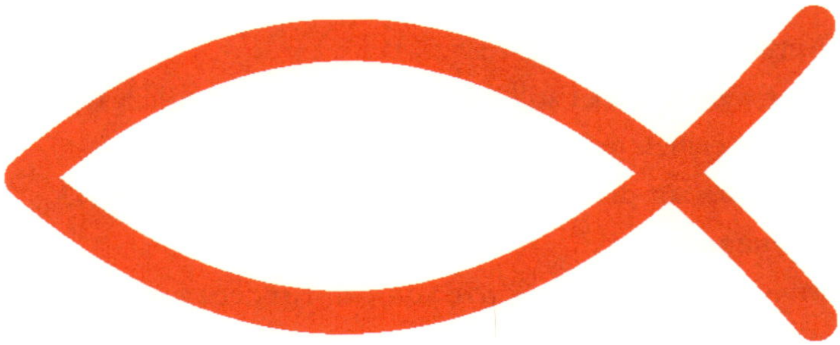

KOPIERVORLAGE MOTIV 3

REGENBOGEN = Das Versprechen Gottes an die Menschen, gleichzeitig kann man die Geschichte von Noah und der Arche erzählen.
Farben: rot, orange, gelb, grün, blau, (indigo), lila, violett

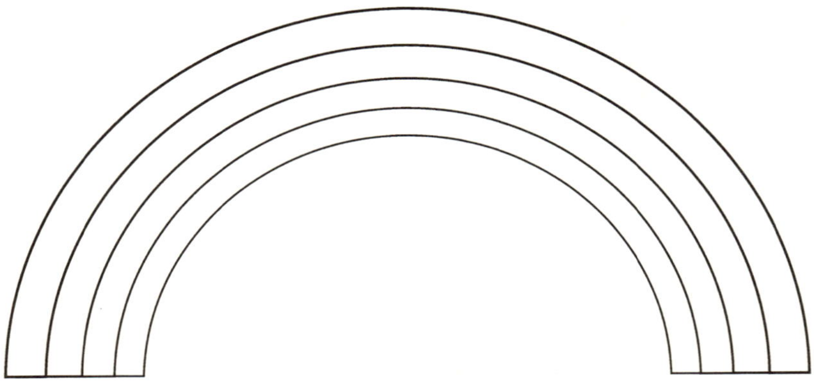

MOTIV 4

Ein Symbol, das dem jeweiligen Thema des Jahres angepasst ist wie z. B. Baum, Brot, Wein, Hand …

Anleitung zur Gestaltung der Kerze

Die Ausführung ist ganz einfach. Die Kerze und die Wachsplatten sollten Zimmertemperatur haben. Sind sie zu kalt, haftet das Motiv nicht auf dem Wachskorpus. Das ausgewählte Motiv kann man kopieren oder abpausen und ausschneiden.

Tipp

Vielleicht kann man eine nicht mehr benötigte Altarkerze bekommen. Die Nachfrage beim Küster lohnt sich.

VATERUNSER ERFAHREN NACH DER KETT-METHODE

GRUPPENGRÖSSE: Große Gruppe kleine Gruppe

DAUER: Ca. 30 bis 35 Minuten

MATERIAL:

- Bunte Tücher oder Pappzuschnitte in verschiedenen Farben
- Holzreifen
- Legematerial wie bunte und helle Strohhalme, Perlen, Steine, Kastanien, Holzstäbchen …
- Kerze
- Bunte Tücher (es können auch Papierzuschnitte aus Tonpapier in den jeweiligen Farben verwendet werden)

Hinweise

Gegen die Abstumpfung beim Sprechen des häufig verwendeten Vaterunsers kann die Kett-Methode hilfreich sein. Diese Methode belebt das Bittgebet aus Matthäus 6 und Lukas 11 durch eine andere, fundamentalere Annäherung: Lebens- bzw. Schöpfungselemente werden mit dem Vaterunser verbunden, damit Gott als Lebensgeber und Lebenserhalter erkennbar wird und wir Menschen als Lebensgestalter (gute wie nicht-gute). Die Lebens- und Schöpfungselemente entsprechen größtenteils den Erfahrungen der Kinder.

Der Gesichtspunkt der Verbundenheit ist den Kindern willkommen und geläufig.

Die oben genannten Materialien sind oft im kirchlich angeschlossenen Kindergarten ausleihbar. Die Anschaffung der originalen Legematerialien ist sehr teuer.

Anleitung

Zunächst wird mit den Kindern über die Bedeutung des Vaterunsers gesprochen:

- Ein gelbes Tuch wird in die Mitte gelegt und rund drapiert.
- Wir laufen einmal im Kreis herum, der Kreis ist rund, ohne Anfang und Ende, vollkommen.
- Was verbindet ihr mit einem gelben Kreis? Mögliche Antworten können sein: Sonne, Licht, rund, hell, warm, Freude, Leben, Liebe.
- Kinder sollen die Sonne ausdrücken durch ihren Körper (Sonnenstrahlen …).
- Die Kinder arbeiten um eine Mitte, die die eigene innere Mitte ansprechen soll.
- Dunkle Tücher oder Papierzuschnitte werden um die gelbe Mitte gelegt.
- Was können die dunklen Flächen bedeuten? Mögliche Antworten können sein: Blau – Wasser, Meer, Regen, Wolken; Braun – Erde, Acker, Boden.
- Die Kinder verbinden mit Hell – Dunkel den Tag und die Nacht.
- Die dunklen Felder werden verziert und gestaltet und mit der Mitte verbunden.
- Welche Bilder seht ihr jetzt? Mögliche Antworten können sein: Lichter, Feuer, Sterne in der Nacht.
- Kleine Papierstreifen werden in beliebiger Farbe von den Kindern genommen und an den dunklen Kreis gelegt. Anschließend verziert und miteinander verbunden.
- Eine brennende Kerze, als Zeichen für Gott, wird in die Mitte gestellt.
- Welches Bild sehen die Kinder nun?
- Die Kerze im gelben Kreis symbolisiert Gott im Himmel, der dunklere Kreis die Erde, die anschließenden bunten Streifen uns Menschen, jeden Einzelnen in dieser Gruppe.
- Von Gott geht alles Licht aus, das hell macht. Wir sind miteinander verbunden, von dort kommen wir her. Er ist unsere Mitte.
- Die Kinder bekommen ein Teelicht, das sie nacheinander am Licht der Mitte anzünden und auf ihre bunten Streifen stellen.

- Dieses eindrucksvolle Bild vermittelt stimmungsvoll von außen nach innen gesehen: Wir Menschen auf der Erde sind miteinander verbunden, sowie mit Gott im Himmel.
- Anschließend kann das Vaterunser gesprochen werden.

BEISPIEL

GEBETSWÜRFEL

GRUPPENGRÖSSE: Große/kleine Gruppe

DAUER: Ca. 15 bis 20 Minuten

MATERIAL:
- Kopien der Vorlage
- Evtl. Tonkarton
- Schere
- Kleber

Hinweise

Tatsächlich ist das Beten vielen Menschen fremd und unverständlich geworden. Das Beten in Gemeinschaft ist nahezu unbekannt. Darum ist das Einüben des gemeinsamen Betens ein wichtiges Element im Rahmen der Koki-Vorbereitung.

Der Gebetswürfel ist dazu ein ideales Instrument: Das Würfeln ist ein bereits bekannter und spielerischer Vorgang. Es bietet den Kokis einen guten Zugang und macht es ihnen leicht, das Gebet als ihnen bisher Fremdartig-Ungewohntes anzunehmen. Außerdem enthebt der Zufälligkeitscharakter, mit dem vorzulesende Gebete erwürfelt werden, die Kinder von der sonst gegebenen Verpflichtung, ihre Auswahl eines bestimmten Gebetstextes zu rechtfertigen.

Einführung

In diesem Kapitel wird ein Gebetswürfel hergestellt. Die Verwendung eines Gebetswürfels ist ganz einfach und hilfreich, um einige Gebete als feste spirituelle Elemente zu pflegen. Als fester Bestandteil in der Gruppenstunde kann zu Beginn gewürfelt und das jeweilige Gebet gemeinsam gesprochen werden. Natürlich kann auch jedes Kind für sich einen eigenen Würfel basteln, um diesen zum Beispiel auch zu Hause zu benutzen.

Die Gebete sind beliebig austauschbar und können so den Lerninhalten angepasst werden. Zum Beispiel: Tischgebete, vor oder nach dem Essen; Tagesgebete; allgemeine Gebete etc.

Zwei Bastel-Vorlagen werden zur Auswahl angeboten: Tisch-Gebete und ein leerer Würfel-Rohling zum Selbstgestalten.

Bastelanleitung

- Vorlage kopieren.
- Damit der Würfel nicht schon beim Basteln verknickt, ist es sinnvoll, die Kopie auf einen Karton zu kleben oder gleich auf dickes Papier kopieren.
- Anschließend ausschneiden.
- Die dicken Linien an den schraffierten Flächen von der Innenseite leicht einritzen, damit sich die Kanten besser knicken lassen. Dazu ein Lineal und einen spitzen Bleistift zu Hilfe nehmen.
- Jetzt den Würfel zusammenkleben.

KOPIERVORLAGE ZUM VERGRÖSSERN: GEBETSWÜRFEL MIT „TISCHGEBETEN“

Aller Augen warten auf
dich, o Herr,
du gibst ihnen
Speise zur rechten Zeit,
du öffnest deine Hand,
und erfüllst alles, was
da lebt mit Segen.
Amen.
Psalm 145,16

Komm, Herr Jesus,
sei Du unser Gast
und segne, was Du
uns bescheret hast.
Amen.

O Gott,
von dem wir alles haben,
wir preisen dich
für deine Gaben.
Du speisest uns,
weil du uns liebst,
so segne auch,
was du uns gibst.
Amen.

Alle guten Gaben kommen,
Herr, von dir.
Was wir sind und haben,
dafür danken wir.
Amen.

Dir sei, o Gott, für Speis'
und Trank,
für alles Gute
Lob und Dank.
Du gabst, du willst auch
künftig geben.
Dich preise unser ganzes
Leben. Amen.

Vater, wir leben von
deinen Gaben.
Segne das Haus,
segne das Brot.
Gib uns die Kraft,
von dem, was wir haben,
denen zu geben
in Hunger und Not.
Amen.

KOPIERVORLAGE ZUM VERGRÖSSERN: GEBETSWÜRFEL – ROHLING

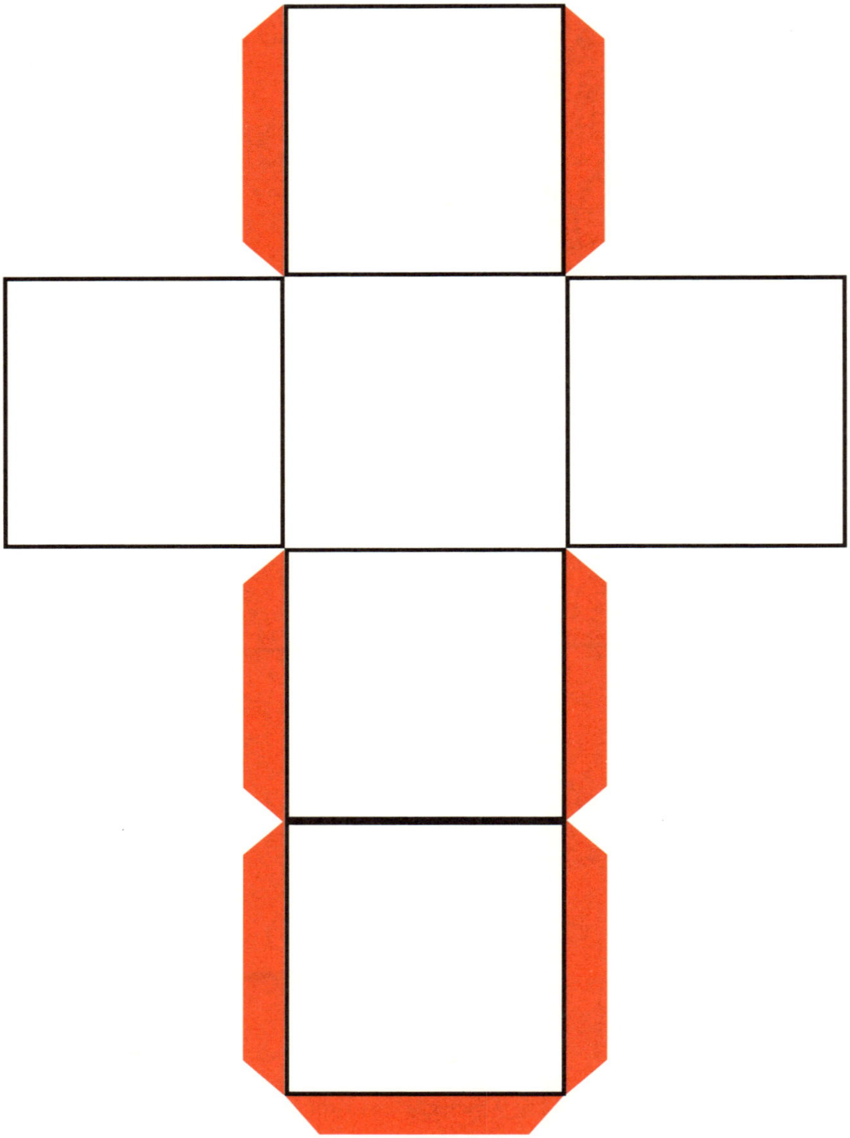

FASTENDOSE

GRUPPENGRÖSSE: Große/kleine Gruppe

DAUER: Ca. 40 Minuten

MATERIAL:
- Leeres Glas oder Dose (mit Sicherheitsöffner geöffnet ohne scharfe Kanten)
- Klebefolie in verschiedenen Farben
- Schere

Hinweise

Verzichten festigt Haltungen (Was ist mir was wert? Was unterstützt mein Leben?), die auf inneren Einstellungen (z. B. Entscheidungsstärke, Beständigkeit, Zielstrebigkeit) fußen.

Verzicht üben heißt, sich konkrete bzw. greifbare Orientierung geben: „Dieses will ich und das nicht." Es bedeutet ebenfalls sich „freizumachen von", damit man „frei ist für".

Diese Dimensionen sind den Kokis nur in Teilen und nur über ihre eigene Erfahrung zu vermitteln. Den Einstieg in diese Erfahrung finden die Kokis mit der Fastendose, weil ihnen diese Methode einüben hilft, zwischen wichtig, weniger wichtig und gar nicht wichtig zu entscheiden.

Einführung

In der Fastendose werden Zettel gesammelt. Auf diesen Zetteln steht geschrieben, auf was die Kokis in der Fastenzeit verzichtet haben. Das kann eine Fernsehsendung sein, Süßigkeiten etc. Am Ende der Fastenzeit können diese Zettel von den Eltern, Großeltern oder Paten ausgelöst werden. Der erhaltene Betrag kann gespendet werden.

Bastelanleitung

Die bunte Klebefolie wird in verschieden große Stücke geschnitten. Diese Stücke nicht zu klein schneiden. Anschließend aufkleben.

INTERNETTIPPS

www.aro-schaefer.privat.t-online.de/ werkst80.htm#kett

www.aro-schaefer-privat.t-online.de/kett88.html

www.kinderkirche.de/themen/index.htm

www.kigo-tipps.de
hier: Spiele oder Rätsel anklicken

www.schulen.asn-noe.ac.at/pvsstpoelten/religionrk.htm
(Spiele + Puzzle + Rätsel + Link-Liste ...)

www.herder.de/Gemeinde-Praxis/index_html

LITERATURTIPPS

- Kerstin Kuppig, Das große Werkbuch Religion. Eine Ideenkiste voller Geschichten, Bastelanleitungen, Spiele und Lieder für Schule und Gemeinde. Mit CD-ROM. Verlag Herder Freiburg im Breisgau 2004

- „Im Anschauen Entdecken" – Arbeitshilfe zur Religionspädagogischen Praxis. Kimmik-Praxis Nr. 38.

- Impuls-Kalender „Wir sagen Euch an: Advent". Wird jedes Jahr vom Bistum Essen aktuell herausgegeben.